MÁQUINAS GRANDES

MÁQUINAS GRANDES PARA CONSTRUIR

De Tracy Nelson Maurer

Traducción de Pablo de la Vega

ÍNDICE

Un libro de El Semillero de Crabtree

CRABTREE
Publishing Company
www.crabtreebooks.com

Máquinas grandes para construir

Un **conjunto** de enormes **máquinas** mueven la tierra y otros **materiales** en la obra: ¡cuánto RUIDO!

Un buldócer ruge al empujar rocas o mover árboles.

traílla

Una traílla abre la tierra.

Las traíllas parecen orugas hambrientas arrastrándose.

El cucharón de una excavadora escarba el suelo.

Las excavadoras suelen usarse en minas o en grandes obras de construcción.

cucharón

Una grúa mueve el **pescante** para levantar materiales para los trabajadores.

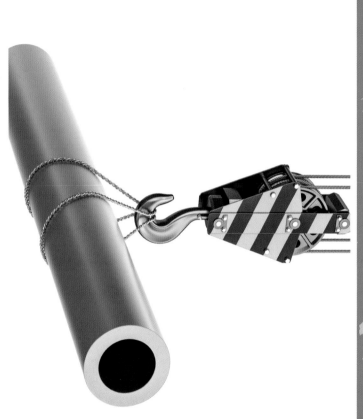

Las grúas pueden usar una pala, un gancho o cucharones para mover materiales.

pescante

cucharón

Una minicargadora se mueve en espacios pequeños.

Las minicargadoras pueden hacer uso de muchas herramientas, tales como cucharones u horquillas para cargar.

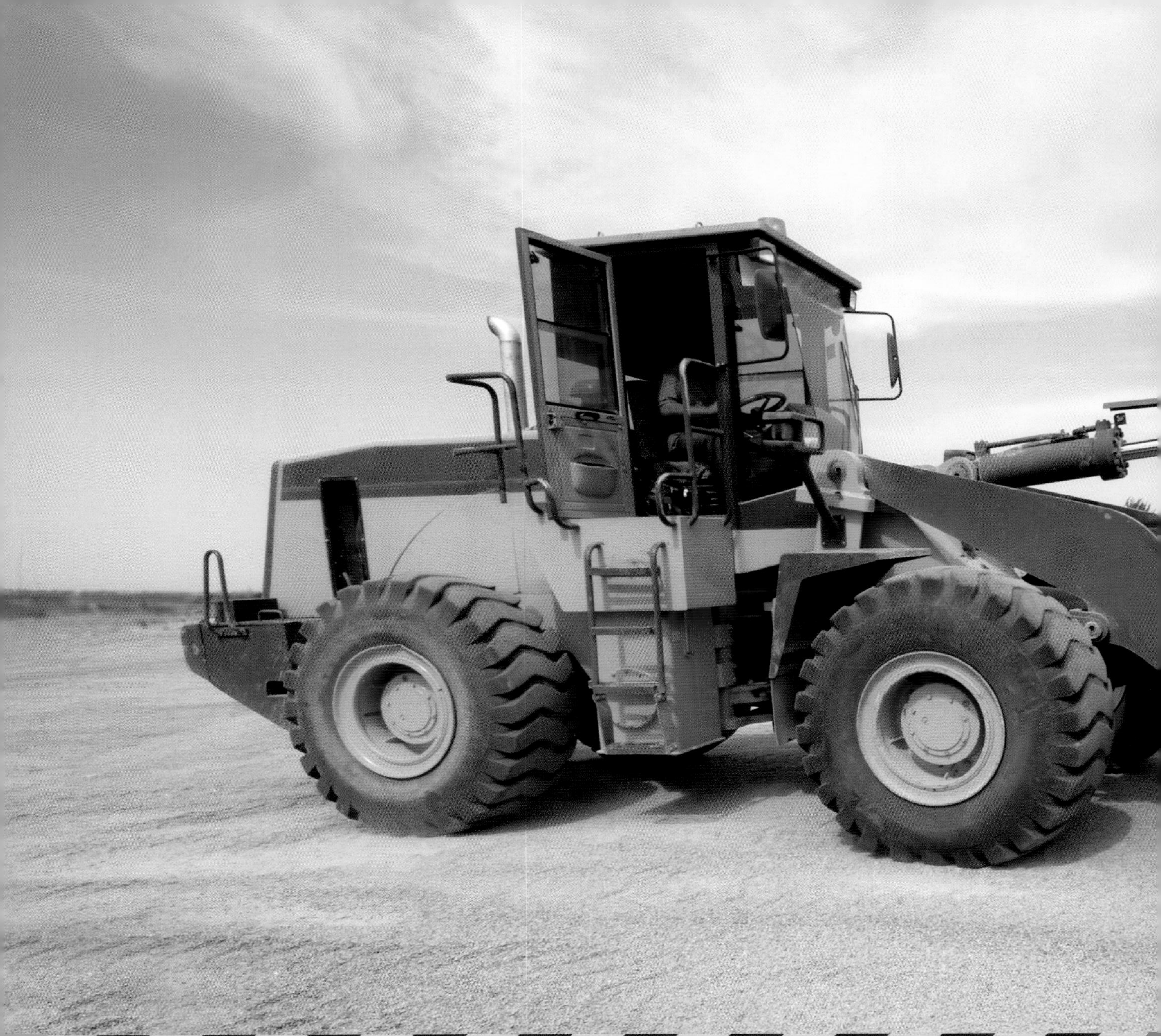

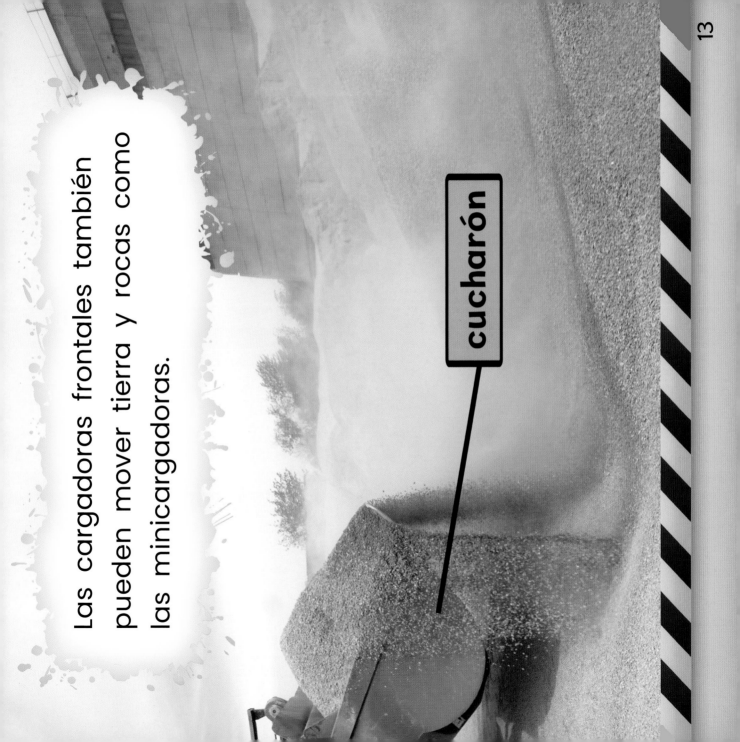

Las cargadoras frontales también pueden mover tierra y rocas como las minicargadoras.

cucharón

caja de un camión volquete

Una carga de rocas cae en la caja de un camión volquete.

Después, la caja del camión volquete es inclinada para deshacerse de la carga.

compactador

Los compactadores sisean al aplanar los materiales usados para construir carreteras.

Las máquinas son necesarias para construir, y las personas también.

Rugidos, retumbos, silbidos, zumbidos: ¡las obras de construcción tienen mucho movimiento y son ruidosas!

Glosario

conjunto: Un conjunto es la totalidad de cosas que tienen características comunes.

máquinas: Las máquinas son equipos fabricados para facilitar el trabajo.

materiales: Los materiales son cosas necesarias para construir, tales como el acero o los ladrillos.

pescante: El pescante es un brazo largo de metal.